UNE

VISITE A BETHLÉHEM

EN 385

—

RÉCIT AUTHENTIQUE DE NOËL

PAR

G. APPIA, Pasteur.

PARIS

SOCIÉTÉ DES ÉCOLES DU DIMANCHE

A L'AGENCE, 16, RUE DE L'ABBAYE

—

1882

UNE VISITE A BETHLÉHEM

EN 385

LES PÈLERINS

Il y a dix-huit cent quatre vingt-un ans que retentirent dans les champs de la Judée, au sein d'un petit groupe de pâtres étonnés et émus, ces simples paroles : « Allons à Bethléhem ! » et ce cri, poussé d'abord par quelques bergers, est devenu le mot d'ordre d'une colonne presque infinie de pèlerins, qui reprennent, d'année en année et de siècle en siècle, la route de la crèche, pour se prosterner en pensée ou en réalité devant le petit enfant, qui est le grand don de Dieu aux hommes. Le cortège est long et glorieux ! En tête marchent les prophètes ; car bien avant la naissance du Christ, Michée écrivait : « Et toi, Bethléhem, terre d'Éphrath, tu n'es pas la plus petite d'entre les milliers de Juda, puisque c'est de toi que doit sortir celui qui sera dominateur en Israël ; ses issues sont d'ancienneté, dès les jours éternels ! » Voici les Mages d'Orient, apportant leur or, leur encens et leur myrrhe, Siméon, Élisabeth, Marie, Joseph, les Pères de l'Église, les guerriers des croisades, Godefroy de Bouillon, Frédéric le Sage et tant de chrétiens de toutes les nations, de tous les âges, de tous les temps. Entrons dans les rangs, transportons-nous par la pensée de quinze siècles en arrière, et plaçons-nous sur la route de Bethléhem, l'an de grâce 385. Nous sommes sortis de Jérusalem par la porte d'Hébron ou de Jaffa, appelée aujourd'hui Bab-el-Chalil (porte de l'Ami de Dieu); une promenade de quarante-cinq minutes à peu près nous a conduits au tombeau de Rachel, qui pleure ses enfants et ne veut point être consolée, parce qu'ils ne sont plus. (Matth. II, 18.)

Devant le monument, recouvert aujourd'hui par les Turcs d'une coupole, nous apercevons quelques femmes accompagnées d'un serviteur et conduites par un homme d'âge moyen, qui est évidemment leur conseiller et leur ami. Regardez-les attentivement.

La plus âgée des voyageuses est la veuve du riche Toxotius, décédé jeune encore, à trente-cinq ans; elle a toute la dignité de la matrone romaine : patricienne, descendánte de l'illustre famille des Scipions, elle est encore, s'il faut en croire des traditions de famille, parente, par son mari, de la famille des rois de Mycènes, Atrée et Agamemnon.

Mais Paula s'occupe peu de sa généalogie ou de ce blason douteux que tant d'autres lui onvient; ce n'est pas pour transporter avec elle en terre sainte des préoccupations de rang qu'elle a quitté Rome, traversé les mers et débarqué à Antioche avec sa fille.

Elle aussi est une Rachel qui pleure son enfant, son aimable et pieuse Blésille, qui a succombé à la consomption, après avoir été une première fois arrachée comme par miracle à la mort. La délivrance inespérée n'a pas rattaché Blésille à la terre; elle s'est envolée un peu plus tard vers son Dieu, laissant un doux souvenir de patience et de foi, et c'est pour retrouver un peu de calme dans la douleur, que sa mère Paula se rend au saint sépulcre et à Bethléhem, en compagnie de sa seconde fille.

La voyez-vous placée à côté de sa mère, dont elle est la fidèle compagne et la consolation? C'est une vraie romaine, pleine de sérieux et de décision.

Élevée sous les soins d'une amie de la famille, veuve chrétienne comme sa mère, et appelée Marcella, la jeune Eustochium avait de bonne heure formé le projet de se vouer au célibat. La vie de Rome était depuis la fin des persécutions une vie mondaine compliquée et factice, où se mêlaient les pratiques nouvelles de la foi chrétienne avec les anciennes habitudes païennes. Les mêmes femmes qui avaient assisté au culte chrétien le matin, prenaient part l'après-midi aux combats de gladiateurs et regardaient couler le sang humain aussi bien que les nobles païennes assises à leurs côtés ; des mariages avec des païens faisaient pénétrer dans la famille chrétienne des habitudes incompatibles avec la foi ; au reste, de sombres nuages s'accumulaient à l'horizon ; on sentait que les jugements effrayants se préparaient contre Rome et que les barbares de la Germanie et de la lointaine Scythie : les Goths, les Alains, les Vandales, les Huns allaient mettre subitement fin à tant de vanité, de richesse et d'orgueil. On ne saurait donc s'étonner que bon nombre de chrétiens allassent chercher au désert des retraites moins exposées aux coups de la vengeance céleste, et que peu à peu s'introduisît dans beaucoup d'esprits la pensée que la vie célibataire, l'existence de l'anachorète ou du moine, était la plus conforme à l'esprit de l'Évangile. Il y avait, à ce point de vue, dans le cœur de la jeune Eustochium quelque exagération, mais le fond de son intention était sérieuse et droite, comme la suite le prouva.

Le christianisme s'était propagé surtout dans la classe populaire ; la noblesse tenait à l'ancien culte qui lui rappelait ses gloires passées et semblait la garantie de ses droits ; qu'une patricienne renonçât à se marier, qu'elle annonçât cette intention dès sa jeunesse, c'était là un fait qu'on n'avait jamais vu à Rome. Les parents de la famille étaient en grande partie encore païens. Hymétius oncle de

la jeune fille, Praetextata, sœur de son père, jetè-
rent les hauts cris, déclarèrent que leur nièce faisait honte à la famille, qu'il fallait à tout prix l'ar-
racher à son projet aussi contraire à ses propres
intérêts que déshonorants pour tous les siens ; mais
toutes les remontrances échouaient devant la ferme
résolution de la jeune Romaine. Les parents s'avi-
sèrent alors d'un moyen plus efficace et décidèrent
de gagner leur cause en corrompant la jeune fille
par la coquetterie. Un petit complot fut ourdi :
Eustochium, invitée par son oncle à une brillante
fête, n'osa pas refuser et se rendit chez Hymétius
dans son costume ordinaire de laine. A peine est-
elle arrivée, qu'on l'entoure ; des femmes instrui-
tes des intentions du maître conduisent sa nièce
à la salle de toilette, lui ôtent ses vêtements de
laine, déploient ses longs cheveux, se mettent en
devoir de les tisser et de les friser à la dernière
mode ; on lui peint les yeux, lui farde le cou et la
bouche, la couvre de bijoux et lui fait revêtir de
magnifiques vêtements de soie, après quoi on la
promène sans doute devant les miroirs de la salle,
pour lui faire admirer sa beauté. C'est ainsi
qu'elle fait son entrée dans ce salon et les païens
de triompher. Leur joie fut de courte durée, Eustochium rentra auprès de Marcella, reprit ses
vêtements de laine, sa vie austère, ses études
bibliques et rien ne lui resta de cette scène que
le souvenir d'une tentation vaincue.

Nous ne nous arrêtons pas aux autres femmes qui accompagnent à Bethléhem Paula et sa fille ; mais regardez attentivement leur guide : il mériterait que nous nous arrêtions à lui et cherchions à faire sa connaissance. Né vers 340 à Stridon, en Dalmatie, il est âgé d'environ quarante ans ; son expression est sérieuse, ses traits amaigris par les austérités, son regard attentif, mais quelque peu exalté ; il y a dans ses traits un certain mélange de ferveur et de bon sens, de bienveillance et d'irritabilité nerveuse, que trahit sa manière de parler, toujours élégante, mais quelquefois passionnée et acerbe. Si vous suivez ses conversations et écoutez les conseils qu'il donne à ses compagnons de route, vous sentez néanmoins que c'est un vrai croyant, un chrétien non seulement convaincu, mais décidé et fervent. Passant par les Cyclades et Chypre, où il a rendu visite au savant évêque Épiphane, son ami, il a devancé les dames romaines de quelques semaines, et est allé les attendre à Antioche. Celles-ci n'ont pas tardé à le suivre ; arrivées à Antioche, elles ont été reçues par le prêtre Vincent, logées chez l'évêque Paulin et visitées par Paulinien et plusieurs autres hommes influents de la société chrétienne ; mais celui qu'elles ont été surtout impatientes de retrouver, c'est cet ami que nous rencontrons avec elles, quelques semaines après, à l'entrée du tombeau de Rachel, celui qui va leur servir de guide dans le voyage de la Terre Sainte et dans celui de la vie, et qui n'est autre que le docteur le plus savant de l'église chrétienne : Saint Jérôme, dont saint Augustin écrivait plus tard : « Ce que Jérôme ignore, personne ne le sait. » C'est lui que la Providence appelle à accomplir, à Bethléhem même, un travail d'une importance immense, comme nous le verrons tout à l'heure. Mais continuons, en si noble compagnie, notre pèlerinage vers Bethléhem.

BETHLÉHEM

était, au quatrième siècle, un village entouré de bois d'oliviers, de cultures, et dont les collines fertiles et riantes étaient percées de nombreuses cavernes, parmi lesquelles on montrait déjà celle de la Nativité. L'empereur Adrien avait intentionnellement profané ce lieu en y établissant le culte idolâtre d'Adonis et c'est dans la grotte même que retentissaient, au deuxième siècle, les lamentations et les chants de la mort du dieu païen, mais peut-être cette profanation eut-elle le résultat utile, de fixer la place que désignait déjà vers 160 après J.-C. le père apologète Justin Martyr, dans sa discution avec le juif Tryphon. C'est dans cette grotte que les pèlerins vont lire aujourd'hui l'inscription saisissante incrustée dans le sol, autour d'une étoile d'argent : « Hic de virgine Maria natus est Jesus Christus », et dès l'an 330, l'impératrice Sainte-Hélène y fit élever la basilique à cinq nefs qu'on y admire aujourd'hui, comme l'un des monuments les plus anciens de l'art chrétien. D'autres ont pensé que l'église actuelle est l'œuvre de la sœur et de l'épouse de Théodose le Grand : Placidie et Eudoxie. Quoiqu'il en soit, c'est là que saint Jérôme et ses compagnons de voyage allèrent s'agenouiller avec une émotion plus facile à deviner qu'à décrire. Saint Jérôme raconte que, pendant qu'ils étaient à genoux et en prière, Paula eut une espèce de ravissement. S'adressant avec émotion à son conducteur, elle s'écria : « Je te jure, je vois l'enfant divin enveloppé de langes..... le voici ! La vierge-mère le prend dans ses bras ; de quelle tendre sollicitude l'entoure son père nourricier ! J'entend ses cris : Là-bas retentissent les pas des bergers et le chant des anges ! » Il lui semblait voir l'étoile rayonnant sur l'étable, puis tout à coup c'était Hérode qui apparaissait, Hérode ne respirant que meurtre et carnage et faisant massacrer les innocents.

Paula pleurait d'émotion ; elle priait, puis souriait de bonheur ; soudain on l'entendit s'écrier : « Salut, Bethléhem, justement appelée « Maison du Pain », car c'est ici qu'est né le vrai pain de vie ! Salut Éphrata « la fertile », puisqu'ici Dieu lui-même a été la moisson ! » Tous les passages des prophètes lui revinrent alors à la mémoire et elle se mit à les réciter successivement en latin, en grec, et en hébreu. (Épître, 86.)

Paula restait comme absorbée dans la contemplation du ciel, et lorsqu'on l'engagea à quitter, elle s'écria : « Quoi ! misérable pécheresse, j'ai été jugée digne de baiser la crèche où mon Sauveur a poussé le premier cri ! J'ai été jugée digne de prier dans cette caverne où une vierge-mère a enfanté mon Dieu ! J'établirai ici ma demeure, parce que mon Sauveur y a placé la sienne ; et la patrie de mon Dieu, sera aussi le lieu de mon repos ! »

Dès ce moment, elle résolut de venir un jour établir sa demeure à Bethléhem ; cependant le plan des voyageurs n'était pas d'y rester immédiatement, mais de visiter d'abord l'Egypte et les solitaires chrétiens des bords du Nil. Nous ne les y suivrons point et reviendrons plutôt à Bethléhem trois ans après notre première visite : nous y trouverons nos voyageurs à peu près installés et organisant leur vie d'étude, d'activité et de dévotion. Jérôme, las de la vie vagabonde qu'il menait depuis son départ de Rome, avait hâte de se remettre au travail.

Il choisit sous le côteau de Bethléhem, une grotte voisine de celle de la Nativité et la plus spacieuse après celle-ci ; il s'y installa, en fit son cabinet d'études, y arrangea ses livres et ses manuscrits et y trouva tant de bonheur à une vie réglée et simple, qu'il l'appela désormais son « paradis ».

Il nous a laissé, dans une lettre adressée à Marcella, la description de la vie qu'il y menait, ou plutôt le reflet des impressions qui remplissaient son âme, depuis qu'il avait fixé sa demeure près du berceau du Christ. Mais allons faire une petite visite au savant solitaire.

LA CAVERNE DE SAINT JÉROME

Pour parvenir à l'antre que saint Jérôme appelait son paradis, il fallait quitter la grande route près du tombeau d'Archelaüs, fils d'Hérode le Grand, et suivre un sentier qui longeait le côteau ; au tournant du chemin, on se trouvait à l'entrée de la caverne. La proximité de l'église, la route fréquentée qui passait à quelques pas de là, la jeunesse studieuse qui venait tous les jours recevoir les leçons du savant dalmate, ôtaient à la solitude toute sévérité excessive. Saint Jérôme avait connu des lieux plus déserts et moins riants, et sa biographie légendaire, écrite au moyen âge, raconte que, pendant qu'il vivait de la vie sévère des moines de Syrie, dans le désert de Chalcide, il vit entrer dans sa cellule, l'œil en feu, la gueule béante, un grand lion blessé, traînant une de ses pattes que suivait une trace de sang. Jérôme s'en approche, le caresse, étanche sa plaie ; le terrible animal se dévoue désormais à lui comme esclave (*voyez* la biographie du saint dans les *Bénédictins*, t. V), et le lion devient le compagnon obligé de saint Jérôme sur la plupart des images qui le représentent.

A Bethléhem, ce n'est pas sur les pas d'un lion que nous entrons dans la chambre de saint Jérôme, mais à la suite d'une troupe de jeunes gens de Bethléhem, auxquels il fait une école gratuite de grammaire et de rhétorique ; il leur enseigne le grec, le latin, lit avec eux Cicéron, Homère, Platon, et ne se lasse pas de jouir dans cette aimable compagnie des richesses de la littérature ancienne ; en vain ses détracteurs, lui en font-ils un crime, il sait que sa culture classique, son beau latin, sa verve littéraire seront d'un prix bien plus grand pour l'église, que l'ignorance orgueilleuse de tant de faux dévôts. Mais laissons la jeunesse de Bethléhem retourner à ses foyers après avoir remercié sincèrement son professeur.

Le soir est venu, et voici s'approcher de la grotte un singulier hôte ; il se glisse d'un pas furtif dans la caverne, salue le maître du logis d'un ton et dans une langue qui n'est pas celle qu'on parle à l'ordinaire à Bethléhem, et attend près de l'entrée. Jérôme qui, malgré l'obscurité du soir, l'a aussitôt reconnu à sa salutation hébraïque, la lui rend avec empressement et va

avant tout chercher dans sa bourse maigrement
garnie, plusieurs belles pièces d'or qu'il remet au
voyageur, après quoi il le fait asseoir à ses côtés ;
un premier entretien terminé, les deux interlocu-
teurs se lèvent, allument la lampe, préparent
leurs parchemins, et vont chercher au fond de la
caverne une série de volumes et de manuscrits,
et aussitôt, la leçon commence. Vous vous de-
mandez qui est cet homme assez savant pour ins-
truire le plus savant des docteurs de la chrétienté,
quel est ce professeur que le pauvre ermite vient
de payer si grassement? C'est le rabbin de Lydda,
dont Jérôme a eu la bonne chance de faire la
connaissance à son passage dans la plaine de
Saron. A peine le rabbin est-il en train de tra-
duire Job, qu'arrivent les habitantes de la maison
voisine, Paula et sa fille ; elles s'asseyent à côté du
rabbin, ouvrent leur texte hébreu et prennent la
leçon sous la direction des deux savants. Paula
lente à prendre la parole, était prompte à écouter,
selon ce prétexte : « Écoute Israël et tais-toi. »
Elle savait par cœur les Écritures, et voulait toujours être instruite plus à fond, dit saint Jérôme :
« Quand j'avouais ingénument mon ignorance, elle
ne se rendait pas, elle voulait connaître les opi-
nions des auteurs et mon jugement sur eux. Je
dirai encore, dussent les jaloux refuser de me
croire, qu'elle avait appris en se jouant, et à fond,
cette langue hébraïque qui m'a coûté tant de peine

dans ma jeunesse... » Non seulement elle savait admirablement l'hébreu, mais le prononçait sans ombre d'accent latin. Sa sainte fille Eustochium, modelée sur elle, atteignit la même perfection.

« Paula et Eustochium, écrivait saint Jérôme, dans la préface d'Esther, si fortes dans la littérature des Hébreux, si habiles à juger le mérite d'un traducteur, revoyait celle-ci mot à mot, afin de savoir si je n'aurais rien ajouté à l'original, ou si, au contraire, interprète exact et sincère, j'ai pu faire passer en latin cette histoire, telle que nous la lisons dans l'hébreu. » Le solitaire de Bethléhem avait, en effet, accepté l'immense tâche de revoir sur les originaux la traduction latine de toute la Bible; dès l'an 383, il avait terminé sa revision du Nouveau Testament, et lorsqu'il mourut, le 4 septembre 420, à soixante-douze ans, après trente-quatre ans de séjour à Bethléhem, entouré des soins de la jeune Paula, petite-fille de la première, il put se dire avec bonheur qu'il léguait au monde à l'entrée des siècles obscurs du moyen âge, une traduction infiniment précieuse de la parole de Dieu, munie de savantes introductions et accompagnée en grande partie de commentaires que l'on consulte encore aujourd'hui avec fruit.

Si le travail principal de traduction appartenait à saint Jérôme, celui de revision se faisait en grande partie par ses deux collaboratrices; elles

se chargèrent en particulier de revoir la traduction
du psautier. « On aime, dit un historien, à se re-
présenter les deux nobles matrones assises devant
un vaste pupître où s'étalent de nombreux manuscrits grecs, hébreux, latins, les diverses édi-
tions de la version alexandrine des septante, les
Hexaples d'Origène, les trois traductions juives
de Théodotion, de Symmaqne, d'Aquila, et enfin
la Vulgate italique : ces savantes femmes contrô-
lent, comparent, mettent au net de leur main,
avec piété et joie ce psautier que l'on chante encore aujourd'hui en grande partie, dans l'église
latine. »

RAPPORTS AVEC L'OCCIDENT

Cependant trois monastères de femmes, et un
monastère d'hommes s'élevaient à quelques pas de
la grotte de Bethléhem, et près de là, une hôtellerie
gratuite ouverte aux voyageurs, « de peur, disait
Paula, que si Joseph et Marie revenaient à Bethléhem, ils ne trouvassent pas de quoi se loger ».
Les lieux de la Nativité devinrent à cette époque,
l'un des centres de la vie et de la science chrétiennes. On y voyait affluer de l'occident et de
l'orient, du nord et du midi, des hommes et des
femmes illustres par la naissance ou par la science,
tels que Fabiola, descendante des Fabius, la jeune

Mélanie, originaire d'une riche famille espagnole, saint Épiphane, le terrible pourfendeur d'hérésies, Jean de Jérusalem, son adversaire, ou Pélage, le futur hérésiarque.

D'autres fois c'étaient des députés des églises lointaines qui venaient consulter le savant de Bethléhem ; d'Égypte, arrivaient les solitaires de la Thébaïde ; des Gaules, Apodémius, envoyé par les dames gauloises. En effet la vérité chrétienne s'était répandue dans ce que nous appelons aujourd'hui le nord de la France. Hébidia de Bayeux, devenue chrétienne quoique appartenant à la famille des druides du temple de Bélen, Artimia, Algasia et d'autres chrétiennes gauloises, envoyaient consulter saint Jérôme sur des questions de foi ou de conduite, par exemple, sur le sens de ces paroles : Heureuses les femmes qui n'auront point allaité ni enfanté en ce jour-là ! menaces auxquelles l'invasion des Huns et des Vandales donnait une terrible actualité. Souvent c'étaient de simples moines ou des pèlerins, dont les uns se fixaient définitivement auprès de saint Jérôme et d'autres ne faisaient auprès de lui qu'un séjour plus ou moins prolongé.

Les loisirs littéraires de Paula et de sa fille diminuaient d'autant, et, loin de pouvoir se livrer à une vie inerte et béate, il fallait qu'elles missent la main à tout. Qu'on en juge par la lettre suivante, adressée à une parente de Paula : « Tu ne reconnaîtrais pas ta belle-mère ni ta sœur, si tu les voyais aujourd'hui : leur corps s'est fortifié à l'égal de leur âme. Elles qui, du vivant de Toxotius, étaient esclaves du siècle, ne pouvaient ni respirer l'air des carrefours, ni monter un escalier, pour qui un vêtement de soie était une pesante charge et la chaleur du soleil un incendie, couvertes maintenant de vêtements sombres et presque négligés, mettent la main à tous les gros ouvrages. Elles s'occupent à préparer les lampes, à allumer le feu, à balayer la maison ; elles épluchent les herbes, mettent les légumes au pot, quand la marmite bout, dressent la table, placent les vases à bains, disposent les plats, courent de côté et d'autre... ne voulant pas se laisser dépasser par d'autres, ni dans le travail du corps, ni dans le courage de l'âme... C'est ainsi qu'on attend l'arrivée de l'époux, en tenant l'huile toute prête pour les lampes !... »

UN GRAND DEUIL

C'est en effet, la lampe pleine d'huile, l'âme sereine et préparée, que la mort vint enlever la mère à sa fille et la directrice à cette société pieuse qui s'était formée autour d'elle à Bethléhem. Frappée dans ses plus chères affections par des deuils successifs, Paula avait beaucoup souffert de la calomnie et des attaques lancées par Rufin et Mélanie contre son ami saint Jérôme ; ses aus-térités avaient aussi ébranlé sa santé, et vers la fin de l'année 403, elle prit le lit pour ne plus se relever. Eustochium montra alors qu'elle était une fille aussi pleine de tendresse, qu'elle avait été une chrétienne sévère envers elle-même ; elle ne quitta pour ainsi dire plus le chevet de la malade, ne permettant à personne de partager avec elle, les soins à donner à sa bien-aimée mère ; c'était elle qui l'éventait, réchauffait ses pieds, relevait ses oreillers ; et de temps en temps, lorsque la malade sommeillait, elle courait à la crèche, suppliant Dieu avec larmes de la prendre la première ; mais rien n'arrêtait la fièvre, les extrémités allaient se refroidissant, et la mourante, sentant s'approcher sa fin, répétait le psaume LXXXIV : « O, Éternel des armées, que tes tabernacles sont aimables ! Mon âme soupire après tes parvis ! Mon cœur et ma chair sont transportés de joie après le Dieu fort et vivant ! » Jérôme la voyant s'interrompre, s'approcha d'elle et lui demanda si elle souffrait. Elle répondit en grec : « Non je ne souffre pas ; je suis en pleine paix et j'entends tout. » Au milieu des soupirs de l'agonie, elle louait encore Dieu et expira le 26 janvier 404.

Elle fut portée au tombeau par le cortège des évêques de la Palestine ; autour de sa dépouille, exposée d'abord dans la basilique, puis descendue

dans le sépulcre qu'elle s'était préparé près de la
Crèche, on vit se réunir presque tous les solitaires
des contrées voisines, ainsi que les pauvres et les
veuves qu'elle avait consolés et nourris en si
grand nombre. Pendant de longues heures on
chanta près d'elle en grec, en latin, en hébreu et
en syriaque, les psaumes qu'elle avait tant étudiés
et aimés, et toute la contrée pleura la perte d'une
pareille femme. Saint Jérôme ne retrouva un peu
de courage que pour écrire son éloge, où il pré-
senta Paula comme une sainte accomplie et exalta
sans doute avec quelque exagération, la sainte
et ses mérites. Eustochium, de son côté, se remit
à la direction des couvents et à l'étude de la Bible,
et put ainsi contenir de nouveau son cœur meur-
tri. Au reste, le deuil des habitants de la Judée
allait se perdre dans une douleur et dans des lamentations tout autrement universelles.

L'orage si longtemps suspendu sur le monde,
s'était enfin déchaîné sur Rome avec une violence
inouïe. La capitale du monde avait été livrée aux
barbares, saccagée, outragée, dévastée par Alaric
et ses Goths, après des excès qu'on ne saurait
décrire. Un cri immense de douleur, annoncé par
l'Apocalypse, traversait le monde, et sur tous les
rivages on voyait aborder les victimes de ce dé-
sastre sans nom. La Palestine et Bethléhem en
eurent leur part, et il fallut beaucoup de charité
et de sagesse de la part des solitaires, pour rece-

voir ces infortunées épaves d'un tel naufrage, ces pauvres fuyards, qui venaient chercher près des lieux qui avaient vu naître le Christ, un refuge qui fût à l'abri de la vengeance de Dieu et de la cruauté des hommes.

FIN

Nous n'avons pas l'intention de raconter ici en détail les dernières années de saint Jérôme, ses rapports avec saint Augustin, la mort d'Eustochium, les travaux de la jeune Paula, petite-fille de la première, qui vint de Rome sur l'invitation de saint Jérôme, pour continuer l'œuvre de sa grand'mère et fermer les yeux au vieillard, heureux de recevoir de cette nouvelle fille des Scipions les soins tendres et respectueux d'un enfant. Mais, en jetant un coup d'œil sur ces vies mêlées de tant de piété, d'énergie et de science, on se sent plus disposé à l'admiration qu'à la critique. Tandis que l'empire romain s'affaiblissait et périssait sous les coups des jugements de Dieu, il est beau, il est utile de voir renaître, sous forme chrétienne, l'héroïsme patriotique dont Rome avait la tradition, et qui se reproduisit partiellement alors dans les descendants des Fabius, des Marcellus et des Scipions. L'Évangile avait, pendant les siècles de la persécution, alimenté la flamme d'un saint enthousiasme, qui ne s'éteignit point avec le feu des bûchers, et lorsque le monde, faisant irruption dans l'Église, la souilla de ses désordres, la soif de sainteté prit, chez les Romains devenus chrétiens, la forme d'une fuite au désert.

Il y eut sans doute dans les idées et les vies de ces solitaires et de ces religieuses plus d'une erreur, plus d'une illusion ; ils mirent évidemment une importance très exagérée aux mérites, aux austérités et au célibat ; mais on peut appliquer à ces femmes, ainsi qu'à leur directeur et ami saint Jérôme, ce que Jésus disait de Marie, sœur de Lazare : « Ils ont fait ce qu'ils ont pu et on racontera en mémoire d'eux ce qu'ils ont fait. »

Ils ont employé dans un temps obscur et néfaste, leurs forces, leurs lumières et leur fortune pour l'œuvre de Dieu, telle qu'ils la comprenaient alors. La fondation de leurs monastères ne leur a guère survécu, leurs tombes n'ont plus qu'un intérêt de curiosité, mais ce qui est resté, c'est le souvenir de leur amour pour le nouveau-né de Bethléhem, et surtout le fruit de leurs longs et persévérants travaux bibliques.

Tout en déplorant les travers de caractère de saint Jérôme, ses critiques acerbes, sa tendance à se vanter et à vanter trop les hommes, l'Église se souviendra toujours que de la caverne de Bethléhem est sortie la Bible traduite, revue, annotée, avec une connaissance remarquable des langues sacrées et des faits bibliques, et que tout l'Occident a reçu pendant des siècles de la main du pieux solitaire de Palestine, ainsi que de celles de ses deux collaboratrices, le pain de vie de la Parole divine ; l'histoire redira toujours que ce bienfait assuré au monde, a été dû en grande partie à un héroïsme dont l'Église n'a jamais entièrement cessé de donner l'exemple, mais qu'il est bon de rappeler dans des temps affadis, tels que les nôtres, où nous pourrions oublier aisément que le royaume des cieux est forcé et que ce sont les violents qui le ravissent.

Rappelons-nous que l'avenir appartient à la charité et à la ferveur, non à l'égoïsme et à l'habileté. Ceux-là règneront avec le Christ, qui auront aimé comme lui et sérieusement essayé d'être ses imitateurs. L'enfant de Dieu ne saurait donc se contenter d'une vie amoindrie, d'une piété banale et sans puissance ; et c'est pourquoi les exemples de consécration complète sont utiles à contempler et à imiter. Notre temps ne manque certainement ni de vastes entreprises ni d'œuvres brillantes et bien organisées de bienfaisance, ni de riches et généreux donateurs, mais l'héroïsme de la charité, mais la ferveur d'esprit, mais l'amour intense presque passionné pour Dieu, mais la piété qui sacrifie tout, qui abandonne tout et donne tout par amour pour le Sauveur et pour ceux qu'il est venu sauver ; cette charité de Christ qui possédait

Paul, qui nous les rendra? Ne nous faut-il pas, comme au temps de saint Jérôme et de sainte Paula, un retour à nos origines, c'est-à-dire une contemplation nouvelle, attentive et recueillie du don de Dieu, de la crèche et de la croix, du petit enfant de Bethléhem et de l'homme de douleur qui meurt en nous sauvant? Ne nous faut-il pas, après avoir contemplé et adoré, après avoir reçu à nouveau le don de Dieu, nous dire : Voilà l'image que tu dois reproduire, voilà le Maître qu'il te faut imiter, voilà la lumière dont tu es le reflet dans un monde d'égoïsme et de doute!

Paris. — Typographie Paul Schmidt, 5, rue Perronet.